J. GERMAIN-LACOUR

AVEC DES RIMES

RIMES ÉPARSES. — VARIANTES AMOUREUSES.

CONTE D'HIVER

PARIS

LIBRAIRIE DES BIBLIOPHILES

Rue Saint-Honoré, 338

—

M DCCC LXXXV

AVEC DES RIMES

Du même auteur :

Sur tous les tons. — 1 vol. in-18.

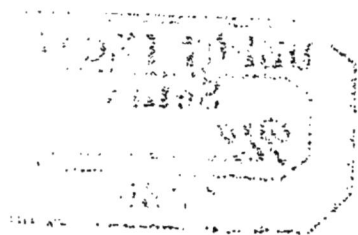

J. GERMAIN-LACOUR

AVEC DES RIMES

RIMES ÉPARSES. — *VARIANTES AMOUREUSES.*

CONTE D'HIVER

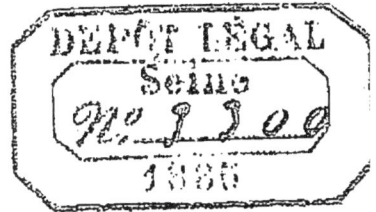

PARIS

LIBRAIRIE DES BIBLIOPHILES

Rue Saint-Honoré, 338

M DCCC LXXXV

I

RIMES ÉPARSES

Lorsque le vent fait cortège
A la neige
Et qu'ils liguent leurs efforts
Au dehors ;

Mais que, dans la cheminée
Lutinée,
La bûche, se consumant
Doucement,

Illumine de sa flamme
Toute l'âme,
On sent chaque souvenir
Rajeunir,

Et sur les heures passées

Les pensées

Reviennent d'un vol léger

Voltiger.

L'esprit pendant une pause

Se repose;

Puis soudain, sans savoir où

L'essor fou

L'entraîne, il suit son beau rêve

Qui l'enlève

Bien loin du point de départ,

Au hasard.

Mais si, dans sa course vive,

Il arrive

Qu'il rencontre l'amitié

De moitié,

Son vol finit : il s'arrête

Et fait fête

Aux doux souvenirs d'antan

Qu'il entend,

Comme, au détour d'une route,

On écoute

Un appel encor lointain,

Incertain.

— C'est ainsi qu'aux heures vides,

Insipides,

Hier console de l'ennui

D'aujourd'hui.

Car le présent, cette chose

Si morose,

Ne peut être supporté

Qu'escorté,

Puisqu'il faut que l'espérance

Le devance,

Montrant du doigt le chemin

De demain,

Et que, pour fixer la trace

Qui s'efface,

Le passé se poudre encor

D'un peu d'or.

BONJOUR, BÉBÉ

Bonjour, bébé, mon gros bonhomme.

As-tu bien dormi cette nuit?

N'as-tu, comme on dit, fait qu'un somme,

Sensible à peine au plus grand bruit?

A s'entr'ouvrir ton œil hésite

Et ton regard est absorbé.

Allons! réveille-toi bien vite!

    Bonjour, bébé,

Viens. C'est fini, le temps du rêve;

Le temps du rêve, c'est fini.

Vois ! dehors le grand jour se lève :

C'est le bon Dieu qui l'a béni.

Le soleil sur ton frais visage

En blonds rayons d'or est tombé.

Allons ! réveille-toi ! Sois sage !

      Bonjour, bébé.

Non ? Tu regrettes tes beaux songes ?...

Qu'as-tu donc vu, bébé, dis-moi ?

— Le rêve a de si doux mensonges ! —

Des anges petits comme toi ?

Ou le séraphin qui te veille,

Lumineux sous son front nimbé ?

C'est lui qui t'a dit à l'oreille :

      Bonjour, bébé.

Allons, viens vite ! Tout t'appelle :

Le ciel, ta maman, les oiseaux,

Tes chevaux, ton polichinelle,

Tout ce cortège des berceaux.

Dans l'étroit foyer prisonnière,

La flamme plus claire a flambé;

Elle te dit à sa manière :

Bonjour, bébé.

LES VIEUX PIGEONS

Immobiles, avec leurs ventres rebondis,
Ils traînent lentement leurs roucoulements graves,
Solennels et pensifs comme de vieux burgraves
Qui regrettent tout bas de n'être plus bandits.

Ils sont passés pour eux, les voyages hardis !
Car l'âge sans égard aveulit les plus braves.
Leurs ailes ont connu de subites entraves,
Et pour les longs trajets leurs vols sont alourdis.

C'était hier qu'ils allaient, et, sans compter les lieues,

Qu'ils regardaient, du haut des immensités bleues,

Le monde vaguement perçu comme un décor.

Ils comparent ce temps aux tristesses présentes.

— Mais, faibles et vieillis, ils admirent encor

Les reflets zinzolins de leurs gorges luisantes.

AUX MOINEAUX

A Paul Harel.

On a trop vanté les pinsons,
Les merles diseurs de chansons,
Princes et marquis des buissons :
  Changeons de mode.
Au tour des hôtes des créneaux !
Je veux au peuple des moineaux,
Grands parleurs et grands friponneaux,
  Chanter une ode.

Ce ne sont point des délicats;

Ils n'ont point de certificats

D'artistes, ni l'or des ducats

Sur leur plumage.

Ces bohèmes n'ont pas souci

De leur costume un peu roussi :

Car leur costume est pauvre ainsi

Que leur ramage.

Mais au temps jadis ils ont lu

Dans un vieux livre vermoulu

Dont les maximes leur ont plu

(C'est Épictète)

Qu'il ne faut s'attacher à rien,

Que posséder est un lien.

Sages oiseaux !... Sages est bien

Leur épithète.

N'ayant rien, ils s'arrogent tout :

C'est pour eux qu'on récolte en août.

Du propriétaire partout

Antagonistes,

Ils partent toujours de ce point

Que la propriété n'est point :

Tous les gueux en mauvais pourpoint

Sont communistes.

Il faut bien vivre, n'est-ce pas ?

Ne pas manger, c'est le trépas !

Moineau, ce sont tes seuls repas

Ceux que tu voles !

Fais donc comme à Sparte autrefois

Faisait l'enfant d'après les lois...

Sparte t'excuse, tu le vois,

Voleur qui voles.

Moi, je t'aime quoique voleur :

J'aime ton instinct querelleur,

Ton pépiement de piailleur

Le long des haies.

Il est triste, ton cri, c'est vrai ;

Mais sa tristesse est à mon gré

Quand ont fui de mon cœur navré

Les notes gaies.

Au jour où les oiseaux frileux,

En quête de cieux toujours bleus,

Quittent nos pays nébuleux

A grands coups d'ailes,

Toi, sans redouter le courroux

Du froid, tu restes avec nous

Et ne suis pas dans leurs vols fous

Les hirondelles.

Reste, ennemi du jardinier ;

Suis ton penchant de braconnier ;

Établis au fond du grenier

Ton réfectoire.

On n'a pour toi que du mépris...

Mais de toi je me suis épris,

Humble petit oisillon gris

A gorge noire.

POÈTE ET CONSEILLER GÉNÉRAL

A Gustave Le Vavasseur.

La séance était pathétique,
Car il s'agissait du budget
Où maint orateur pataugeait
Parmi des flots d'arithmétique.

Or, sous le conseiller pratique,
Le poète rêveur songeait :
Si le budget est un sujet,
C'est un sujet peu poétique.

— Mais quand le poète est distrait,

Le conseiller, très peu discret,

Le réveille d'une secousse,

Et, loin du charme matinal

Du petit sentier plein de mousse,

L'amène au chemin vicinal.

———

RÉPONSE

DE GUSTAVE LE VAVASSEUR

Ah! ce n'est pas l'arithmétique
Qui dans les conseils d'aujourd'hui
Donne aux poètes de l'ennui,
Jeune homme, c'est la politique.

Le chiffre n'est pas, en pratique,
Emprisonné dans son étui;
Quand il s'agit du bien d'autrui,
Le budget devient élastique.

Le poète d'ailleurs n'a point

De grands scrupules sur ce point

Traitant autrui comme soi-même.

Mais en politique il se tait,

Aimant doucement ce qu'il aime

Et haïssant mal ce qu'il hait.

A Andrée Bonnaire.

On t'attendait depuis longtemps, chère fillette;
Depuis longtemps déjà ta grand'mère inquiète
    Sondait le muet avenir;
Et comme la sœur Anne, en faisant sentinelle,
Elle observait, rêveuse, attentive; — et, comme elle,
    Elle ne voyait rien venir.

Pourtant tout était prêt : les courtines plissées,
Les robes de satin artistement froissées,
    Et puis ton gracieux berceau ;
On l'avait fait pour toi plein de choses exquises,
Un fouillis à nicher de petites marquises,
    Un doux nid pour un doux oiseau.

D'un retard imprévu, dis-moi, quelle est la cause?

Lorsque le nid est prêt, l'oiselet s'y repose.

    T'étais-tu perdue en chemin?

L'ange qui souriant t'amenait vers ta mère

T'avait-il donc — distrait en fervente prière —

    Subitement lâché la main?

Voulait-on faire mieux ta toilette enfantine?

Poser plus sûrement une oreille plus fine,

    Un petit pied plus ravissant?

Ou savais-tu que, femme, il faut se faire attendre,

Et que, plus désiré, l'accueil en est plus tendre?

    Étais-tu si femme en naissant?

Non pas. Le vrai motif, moi, je crois le connaître :

Ton corps tout frémissant ne demandait qu'à naître;

    Mais le bon Dieu n'était pas prêt;

Comme il voulait pour toi ton âme sans souillure

Et qu'il n'en trouvait point aux limbes d'assez pure,

    Il imposa ce temps d'arrêt.

Pour te créer une âme, il eut ce mal étrange

D'en prendre dans son ciel une pure, une d'ange

    Qu'il choisit et qu'il modela.

Puis, quand le séraphin fut un ange sans ailes,

Lui-même il l'apporta des voûtes éternelles :

    « Tenez, a-t-il dit, la voilà. »

OLIVIER BASSELIN

IMITÉ DE LONGFELLOW

A Monsieur Armand Gasté.

Avec ses vieux pignons tremblants
Un vieux moulin se voit à Vire.
On lui donnerait bien mille ans
Avec ses vieux pignons tremblants.
Mais on peut lire sur ses flancs
Quelques mots qu'un regret inspire.
Avec ses vieux pignons tremblants
Un vieux moulin se voit à Vire.

— Dans ce lieu vécut Basselin. —
C'est là ce qu'on lit sur la pierre.

Il était maître du moulin ;

Dans ce lieu vécut Basselin.

Quand il lorgnait son verre plein,

Son œil riait sous sa paupière.

— Dans ce lieu vécut Basselin. —

C'est là ce qu'on lit sur la pierre.

Un château se montre là-bas,

Sur le sommet de la colline ;

Ses murs s'écroulent en un tas.

Un château se montre là-bas.

Le temps enfin le trouve las ;

Chaque jour sa force décline.

Un château se montre là-bas,

Sur le sommet de la colline.

Jadis un couvent sombre et vieux

Se mirait dans l'eau qui serpente.

Le passant voyait dans ces lieux

Jadis un couvent sombre et vieux.

Mais on le cherche en vain des yeux
Quand du mont on gravit la pente.
Jadis un couvent sombre et vieux
Se mirait dans l'eau qui serpente.

L'ancien logis de Basselin
Malgré les ans lève la tête;
Il est seul debout, ce moulin,
L'ancien logis de Basselin.
Ah! son maître était un malin
Quand il fallait faire la fête!
L'ancien logis de Basselin
Malgré les ans lève la tête.

Tantôt buvant, tantôt rimant,
Ce coin suffisait à son rêve;
Il y vivait tout doucement,
Tantôt buvant, tantôt rimant.
Était-ce pas un nid charmant
Pour y boire ou rimer sans trêve?

Tantôt buvant, tantôt rimant,
Ce coin suffisait à son rêve.

Vrai, ses chants n'étaient pas divins,
Ce n'étaient pas des chants sublimes ;
D'aucuns même les jugeaient vains ;
Vrai, ses chants n'étaient pas divins.
Mais ses fûts remplis de bons vins
Faisaient vivre et doraient ses rimes.
Vrai, ses chants n'étaient pas divins,
Ce n'étaient pas des chants sublimes.

A la taverne, au cabaret
Étaient ses muses familières,
Et le bonhomme s'inspirait
A la taverne, au cabaret.
Buvant aussi du vin clairet
Dans les maisons hospitalières,
A la taverne, au cabaret
Étaient ses muses familières.

Les soldats recouverts d'acier

Dans le fort veillaient sous les armes.

Mais lui narguait, de son cellier,

Les soldats recouverts d'acier.

Il s'enivrait pour oublier

La guerre et ses tristes alarmes.

Les soldats recouverts d'acier

Dans le fort veillaient sous les armes.

Les moines priaient à genoux,

Recueillis dans leur vie austère.

Pour fléchir le divin courroux

Les moines priaient à genoux.

Mais Olivier les jugeait fous :

Ses chants étaient plus près de terre.

Les moines priaient à genoux,

Recueillis dans leur vie austère.

Moines, soldats, vous n'êtes plus ;

De vos noms mêmes plus de trace.

Plusieurs siècles sont révolus :

Moines, soldats, vous n'êtes plus.

Vous vécûtes en vain reclus

Dans le cilice ou la cuirasse.

Moines, soldats, vous n'êtes plus ;

De vos noms mêmes plus de trace.

Toi seul, poète insouciant,

Tu renais dans ce paysage.

Qui revit dans l'air ambiant ?

Toi seul, poète insouciant.

Tu fus immortel en riant,

Et de tous tu fus le plus sage.

Toi seul, poète insouciant,

Tu revis dans ce paysage.

A Madame Vérel.

C'étaient de gros sabots et d'honnêtes sabots,
Faits pour pétrir la boue au bord de quelque mare,
Des sabots où le pied est à l'aise et se carre
Et dont l'ampleur fait honte à nos souliers nabots.

Mais un regard de vous, et des destins nouveaux
Ont commencé pour eux. Antithèse bizarre :
La lourde masse en bois devient bibelot rare.
On ne les touche plus qu'avec des doigts dévots.

Et pourtant ils étaient la chose vile et basse,

L'utilité sans charme et le réel sans grâce...

O les grossiers sabots qui font penser au sol !

Non pas ! car vos pinceaux les choisissent pour toiles :

La Chimère en passant les effleure en son vol...

O les gentils sabots qui font rêver d'étoiles !

PERCE-NEIGE

C'est la triste fleur des hivers
A l'éclosion douloureuse ;
Quelques brins se sont entr'ouverts
Sous la froidure rigoureuse.

Sous la froidure rigoureuse
Ont poussé les calices verts.
La corolle est plus savoureuse :
Elle sert de régal aux vers.

Elle sert de régal aux vers
Qui jettent leur bave glaireuse :
Ses pistils en sont recouverts.
O la pauvre fleur malheureuse !

C'est la triste fleur des hivers.

Sous la froidure rigoureuse

Elle sert de régal aux vers.

O la pauvre fleur malheureuse !

O la pauvre fleur malheureuse !

Les champs de neige sont couverts;

Elle sert de régal aux vers.

Elle sert de régal aux vers ;

Et la neige est sa prison creuse

Sous la froidure rigoureuse.

Sous la froidure rigoureuse

Elle souffre de maux divers.

C'est la triste fleur des hivers.

Elle souffre de maux divers,

Et la neige est sa prison creuse...

Les champs de neige sont couverts.

LA NEIGE

La neige est douce. Elle est, pour les jeunes blés verts,
Comme un épais manteau qui cache et qui protège.
La neige est âpre. Un vent aigu lui fait cortège
Lorsque ses blancs flocons tombent des cieux couverts.

La neige est gaie. Elle est, sous des aspects divers,
Bonhomme au carrefour et pelote au collège.
La neige est triste. Elle est homicide, la neige,
Et met des deuils subits au cœur des longs hivers.

Nul n'est indifférent : l'un craint, l'autre désire ;

Dans le ciel assombri tous les yeux voudraient lire.

Un premier jour de neige est un événement.

« La neige ! » a dit tout haut le gamin qui l'espère :

Cette glace pour lui n'est qu'un duvet charmant.

« La neige ! » a soupiré, sombre et rêveur, le père.

———————

A MOLIÈRE

Molière, on nous a dit que ton franc rire amène
    Les hommes du vice au devoir.
Pourtant j'ai regardé la Comédie humaine,
    Et franchement c'est triste à voir.

Car le vice est plus laid encor parmi les hommes;
    Le mal s'est encore aguerri.
On te lit peu sans doute au siècle dont nous sommes,
    Et ton œuvre n'a rien guéri.

Quand sa femme aujourd'hui le trompe et le bafoue,
    Sganarelle en a plus grand air.
Je vois Amphitryon qui s'honore et se loue
    D'un partage avec Jupiter.

Pour être heureux en femme Arnolphe a son système
Et croit son système fort bon ;
Mais Agnès ne répond jamais : *Tarte à la crème,*
Quand on demande : *Qu'y met-on ?*

Pourtant Arnolphe, avec de fines épigrammes,
Dit des autres : « Comme j'en ris ! »
Car les femmes seront éternellement femmes
Et les maris toujours maris.

Et Tartufe ? Il marmotte en jour ses patenôtres,
Mais la nuit il chante évohé.
Le pauvre homme, à la fin las des femmes des autres
Et vieux, épouse Arsinoé.

Le savoir chez la femme enlevée aux familles
Tiendra tout le reste en échec ;
Le lycée à présent s'ouvrira pour les filles ;
Henriette saura du grec.

Avec des rimes.   4

Oronte tient encor mon oreille dupée

De vers bons pour le cabinet

Et trouve le moyen de lire une épopée

Quand il n'annonce qu'un sonnet.

Ah! reviens parmi nous, ressuscite, Molière!

Mets à nu tous les arlequins!

Ou lègue à l'un de nous ta verve familière

Pour en châtier les faquins.

L'ÉCUREUIL

C'était un tout petit écureuil. Comme on sait,
Les écureuils n'ont pas beaucoup de plomb en tête.
Mais il est des hasards; et voyez ce que c'est :
Celui-ci justement avait l'âme inquiète;
Il songeait, méditait, comparait, rêvassait.
C'était, si vous voulez, un écureuil poète.

Être écureuil, avoir des nids comme berceaux,
Il semble, n'est-ce pas, que ce soit douce chose,
Comme aussi de grimper le long des arbrisseaux.
Mais l'arbre tient au sol, et le sol, c'est la prose.
Notre écureuil avait son rêve grandiose,
Et ce qu'il enviait, c'est le vol des oiseaux.

Voler! voler! S'enfuir au caprice des ailes
Par delà le brouillard des vagues horizons
Et sous d'autres climats trouver d'autres saisons!
Visiter en passant les neiges éternelles!
Ou, dédaignant la terre aux étroites prisons,
Dans leurs voyages fous suivre les hirondelles!...

S'imaginant sentir comme un frisson de vol,
Souvent il se disait, en son rêve optimiste :
« Si la nature, à qui, dit-on, rien ne résiste,
A mis en moi l'instinct d'être affranchi du sol,
Bientôt je volerai, semblable au rossignol. »
Ce petit écureuil pensait en darwiniste.

Pauvre écureuil! En vain ce désir-là te mord;
Il te fait signe en vain, l'abîme où tu te penches;
T'élancer dans ce vide, hélas! serait ta mort!
On n'est pas un oiseau pour vivre dans les branches
Ne te consume pas en un stérile effort;
Contente-toi du rêve aux sublimes revanches...

Or voici qu'en un piège embûché sous ses pas

Notre écureuil un jour s'aventure. Il y reste.

(L'homme est plus fin encor que l'écureuil n'est leste.)

A ce piège peut-être il trouvait des appas.

Peut-être seulement ne le voyait-il pas

Et qu'à tous les rêveurs toute embûche est funeste.

Adieu ruisseaux auxquels il a bu tant de fois!

Adieu ses abris sûrs, les arbres des grands bois!

On le prend, on le lie, on l'emporte, on l'encage.

Ah! le pauvre écureuil! vous le plaignez, je gage...

Mais lui, dans sa prison aux fragiles parois,

Se dit qu'il est oiseau, puisqu'on le met en cage.

GRANDEUR ET DÉCADENCE

D'UN MERLE

A Tony Genty.

Autrefois dans le bocage
Il vivait libre et sans lois ;
Maintenant il est en cage.

Sous la feuille et le branchage
Il se cachait, le sournois,
Autrefois dans le bocage.

Adieu la feuille et l'ombrage !
Sur la rue où je le vois
Maintenant il est en cage.

Son chant comme un persiflage
Était moqueur et narquois
Autrefois dans le bocage.

Mais depuis son esclavage
Il se tait; triste et sans voix
Maintenant il est en cage.

De même que son ramage,
Son plumage était de choix
Autrefois dans le bocage.

Bec dépoli, vieux plumage,
Duvet pendant aux parois,
Maintenant il est en cage.

Et j'oppose à son servage
Tout ce qu'il fut autrefois,
Autrefois dans le bocage.
Maintenant il est en cage.

LA FÉERIE DU PRINTEMPS

C'était une belle journée :
Des fleurs qui triomphent en mai
Partout la terre était ornée,
    L'air parfumé.

Vraiment ce n'est qu'à la campagne
Que le Printemps est bien chez lui;
Partout ailleurs il s'accompagne
    De quelque ennui.

Mais aux champs, dans toute la grâce
De son exquise floraison,
C'est un maître qui se prélasse
    En sa maison.

Nous étions venus de la ville

Pour passer chez lui tout un jour :

Il reçoit de façon civile

    En son séjour.

Pourtant comme, lointaine et haute,

Une étoile au ciel se montrait,

L'un de nous, oubliant son hôte,

    Eut ce regret :

« Ah ! c'est étrange qu'on évite

De rester à Paris ce soir,

Lorsque l'Ambigu nous invite

    A nous asseoir.

Car on y donne une première :

L'auteur — imaginez cela ! —

Exagère encor la manière

    Chère à Zola.

Aussi je trouve peu folâtre

D'être où l'ombre nous met en deuil.

On serait si bien au théâtre

Dans un fauteuil ! »

Or, bien qu'il parlât à voix basse,

Le Printemps pourtant l'entendit,

Et, dans un discours plein de grâce,

Lui répondit :

« Une soirée ici vous semble peu folâtre ;

Ce que vous regrettez, c'est la pièce au théâtre.

Ne vous désolez pas, car vous en pourrez voir

Une plus belle encore, ici même, ce soir.

Le directeur, c'est moi. Premiers sujets, comparses

Paraîtront tour à tour dans les scènes éparses ;

Et dans tous ses détails le drame est si parfait

Que le plus pauvre acteur fait toujours de l'effet.

Quant à l'auteur... L'auteur a gardé l'anonyme.

Sa pièce a tous les ans un succès unanime,

ors on la reprend. — La scène, la voici :

us voyez, le décor est assez réussi ;

rtiste a mis le temps à brosser sa peinture,

is nulle part il n'a laissé sa signature.

éclairage non plus n'est pas mal : vous aurez

us les astres brillant dans les cieux azurés

ur quinquets, et pour lustre un gai semis d'étoiles.

x yeux rien n'est caché : ni coulisses ni toiles.

ntérêt tout le long de l'œuvre est soutenu...

is je veux lui laisser l'attrait de l'inconnu.

us verrez si l'auteur a soigné la musique !

compte aussi beaucoup sur un rôle comique

mposé tout exprès dans le ton du hibou :

est irrésistible en lançant son hou-hou

ec sa voix lugubre et sa mine effarée.

is le point capital, le clou de la soirée,

seront des couplets dits par le rossignol.

ne sais trop s'il chante en ut ou si bémol,

is sa chanson ravit et fait l'âme attendrie... »

Il ne mentait pas : la féerie

Nous réjouit tous en effet.

Le chant et la bouffonnerie,

　　　Tout fut parfait.

Cependant avec hardiesse

Un merle, critique mordant,

Lança, vers la fin de la pièce,

　　　Son cri strident.

Or, tandis que chacun réclame,

Le merle dit d'un ton aigu :

« Ce que je siffle, c'est le drame

　　　De l'Ambigu. »

II

VARIANTES AMOUREUSES

DANS L'ATTENTE

J'ai cherché mon étoile au ciel :
Au ciel je ne l'ai pas trouvée,
Et l'astre providentiel
M'a caché sa clarté rêvée.

J'ai cherché, seul et désolé,
Mon amour à travers le monde :
Mais il ne m'a pas révélé
Où vit ma Beauté brune ou blonde.

Il est des astres inconnus
Si loin dans un ciel solitaire
Qu'ils ne sont pas encor venus
De leurs rayons baiser la terre.

Il est des amours virtuels
Aux éclosions retardées :
Au jour des regards mutuels
Les âmes seront accordées.

Sans doute même secret retient
Et mon amour et mon étoile :
J'épie aux cieux l'astre qui vient ;
J'attends que l'amour se dévoile.

Et quand la femme passera
Mêlée au chœur des Amoureuses,
En même temps s'allumera
L'étoile aux clartés paresseuses.

Avec sa tunique agrafée,

J'ai vu s'avancer une fée

Dans un éblouissant décor ;

Sa voix, qui créait des merveilles,

Sa voix résonne à mes oreilles

Encor.

Et puis, reine parmi des reines,

Elle tient fortement les rênes

De ses petits poneys fougueux.

Sa main les retient sans secousse...

Mais une chose est bien plus douce :

Ses yeux.

Il n'est rien en vous qu'on n'admire ;

Dans vos yeux la grâce se mire,

Et toujours vous savez charmer.

Mais, hélas ! sauriez-vous de même,

Si l'on vous disait : « Je vous aime ! »

— Aimer ?

Je lui disais : Vois, dans la plaine,

Les moissons filles du soleil

Qui s'inclinent à chaque haleine

Comme une onde au remous vermeil.

C'est le soleil, le roi du monde,

Qui rendit la terre féconde

En de mystérieux hymens,

Et sa chaleur toujours nouvelle

A fait blondir tous les gramens...

— Mes cheveux sont plus blonds, dit-Elle.

Vois le bleuet brillant sans voile,

Des moissons astre essentiel :

C'est dans un ciel couleur d'étoile

Une étoile couleur de ciel.

Tandis qu'à l'infini des lieues,

Bien loin des petites fleurs bleues

Le vrai ciel luit, ardent et pur,

Du bleuet la fine dentelle

Met sur la terre un peu d'azur...

— Mes yeux ont plus d'azur, dit-Elle.

Vois, dans des poses nonchalantes,

Les coquelicots empourprés

Mêler leurs corolles sanglantes

Aux épis des seigles cendrés.

Vois ! on dirait que la rosée

En larmes rouges s'est posée

Sur les fleurs aux calices lourds,

Et que c'est du sang qui ruisselle

Sur de la pourpre ou du velours...

— Ma bouche est plus rouge, dit-Elle.

Mais tout cela, la faux le couche :

Épis moins blonds que tes cheveux,

Pavots moins rouges que ta bouche,

Bleuets moins bleus que tes deux yeux.

O bon moissonneur, à ta tâche !

Fauche sans trêve ni relâche !

Fauche sans délais ni répits !

Et que la moisson s'amoncelle

Dans un frémissement d'épis...

— Moissonnons aussi, me dit-Elle.

NOUS

Nous. Autour de cela le monde tourbillonne;
Le soleil tour à tour ou s'éteint ou rayonne,
Et le jour suit la nuit, et la nuit suit le jour.
Comme un essaim tout noir qui frôlerait des roses,
Épars et remuant, le vague essaim des choses
    Bourdonne autour de notre amour.

Et rien ne s'est créé, rien ne s'est fait sur terre
Qu'afin qu'un jour marqué, — cela, c'est le mystère! —
Tu vinsses en riant passer sur mon chemin.
Le hasard a souri quand je t'ai rencontrée;
Et quand je t'aperçus, ô ma chère Adorée,
    C'est lui qui m'a pris par la main.

l est, dans l'univers, d'exquises harmonies :
Tout se meut à travers les formes infinies ;
Tout recherche l'accord qui doit tout apaiser.
La nature, mettant en nous la même flamme,
Fit mon cœur pour ton cœur, mon âme pour ton âme
      Et tes lèvres pour mon baiser.

C'était Toi, l'Idéal ! C'était Toi, l'Inconnue !
O ma chère Beauté, te voici donc venue !
Rêve adoré vers qui tendaient tous mes espoirs !
Chacun de nous pour l'autre est l'aimant qui l'attire,
Et nous avons, pour voir nos âmes se sourire,
      Toi, mes yeux bleus ; Moi, tes yeux noirs.

Car tu m'as répondu quand je t'ai dit : « Je t'aime ! »
L'aveu que je faisais, je l'écoutai de même,
Comme un écho discret qui vous revient plus doux.
Nos âmes depuis lors ont gardé l'étincelle :
Quand tu dis : Lui, c'est Moi ; c'est Toi, quand je dis : Elle ;
      Quand nous disons : Toi, Moi, — c'est Nous.

Le petit bleuet cueilli sur la route
Était bien joli dans son corset vert ;
Car c'était pour nous qu'il s'était, sans doute
Un jour de soleil, — dès l'aube, — entr'ouvert,
Le petit bleuet cueilli sur la route.

Tout autour de lui, les autres bleuets,
Pour faire leur cour à la fleur choisie,
S'inclinaient vers lui, grêles et fluets.
Mais comme ils avaient de la jalousie,
Tout autour de lui, les autres bleuets !

J'ai mis mon amour dans son bleu calice :

C'est un joli nid pour de beaux amours !

Gentil confident, gracieux complice,

Garde-le longtemps, garde-le toujours !

J'ai mis mon amour dans son bleu calice.

L'univers est semé de causes,

Qui, pour obéir à la loi

De leurs mille métamorphoses,

Attendent quelqu'un : vous ou moi.

Car ces destins-là sont les nôtres

D'éveiller, dans un mouvement,

Certains faits, semblables aux autres,

Qui sommeillaient obscurément.

Si l'on savait (mais on l'ignore :

On sait trop tard pour prévenir !)

Tout ce qu'un fait, possible encore,

Contient en germe d'avenir,

On aurait peur de l'habitude
Qui fait qu'on est distrait toujours
Et qu'on va sans inquiétude
Sur son chemin de tous les jours ;

On voudrait commander aux lèvres
D'être sans sourire, au regard
De n'avoir ni désirs ni fièvres,
Et régler même le hasard.

On voudrait, hélas !... Mais la vie
Est sourde à nos vaines rumeurs ;
Lorsque le destin nous convie
A marcher, il dit : « Marche, — ou meurs ! »

Et les précautions subtiles
Demeurent des vœux imparfaits ;
Et toujours des causes futiles
Nous conduisent aux grands effets.

Au plus fort de la maladie

On oublie où le mal germa ;

On ne voit plus dans l'incendie

L'étincelle qui l'alluma ;

S'enivrant de celle qu'il aime,

L'amant a bien vite oublié

Le frisson premier et suprême

Qui le fit à jamais lié :

Mais, s'il descendait en son âme,

Comme au fond du puits un mineur,

Pour éclairer d'un jet de flamme

L'obscur secret de son bonheur,

Il connaîtrait que tout son rêve,

Tout son beau poème d'amour,

Continué sans qu'il l'achève,

Dans son cœur prit naissance un jour

Où, parmi la foule en cohue,

Au bas du jupon épié,

Il vit, au détour d'une rue,

Qu'Elle avait un tout petit pied.

EXCUSES

Votre œil me recherche et m'évite.
Je ne me suis pas mépris sur
Ce manège aussi vieux que sûr :
A vous aimer c'est une invite.

Une invitation plutôt.
Respectons la forme correcte.
Ah, mais! la forme, on la respecte!
On est Brid'oison quand il faut!

Veuillez donc agréer, Madame,

Mes excuses et mes regrets :

Car en vérité j'aimerais

A vous aimer, je le proclame.

Je regrette votre air rieur

Et votre mine fraîche et rose.

Mais je ne puis. Voici la cause :

Engagement antérieur.

Il faut être tout à l'étude
Pour grandir en savoir. Souvent
J'y songe avec inquiétude :
Je ne serai jamais savant.

J'aime trop. Mon cœur s'insinue
Où mon esprit devrait régner ;
Or la Science est méconnue
Quand l'Amour veut l'accompagner.

C'est en vain que l'expérience
M'a conseillé de faire un choix
Entre l'Amour et la Science :
J'ai voulu les deux à la fois.

J'ai dû faire le bon apôtre

Pour mettre en paix ces ennemis;

Et j'ai, pour garder l'un et l'autre,

Tenté d'étranges compromis.

Mais, quoi que je tente, j'échoue

Dans mon projet aventureux :

Je suis, il faut que je l'avoue,

Beaucoup moins savant qu'amoureux.

Aussi la Science est bizarre

Qu'impose à mon esprit mon cœur :

La fantaisie y contrecarre

La vérité d'un air moqueur.

Dans mon Histoire fantaisiste

Le Quatre Août n'est pas cette nuit

Solennelle, mais un peu triste,

Où l'aube de la Terreur luit;

A sa place, dans mon Histoire,

J'ai le souvenir caressant

D'une autre nuit beaucoup moins noire

D'un autre Quatre Août plus récent.

Ma Littérature est de même :

Tout auteur me devient ami

Du moment que dans son poème

Un accent d'amour a frémi.

Horace en moi remue et touche

L'amant sous le rhétoricien,

Et je crois parfois qu'une bouche

Me sourit sous le texte ancien.

En vain je voudrais le proscrire :

Le rêve me tient tout entier ;

Il m'amène avec un sourire

Du grand chemin dans le sentier.

Il est plus fleuri que la route,

Le sentier où je vais rêvant.

Et c'est pour cela que sans doute

Je ne serai jamais savant.

———

CONDITIONNEL PASSÉ

Un amour triomphant peut bien remplir le cœur
Et le faire si plein que tout désir s'y noie.
En vain autour de lui le caprice tournoie
Et voudrait s'introduire, impuissant escroqueur.

Certe il n'entrera pas. Et pourtant, dans le chœur
Toujours renouvelé des femmes qu'on coudoie,
Plus d'une a le regard qui trouble ou qui rudoie,
Plus d'une a le maintien attirant ou vainqueur.

n ne s'en fait pas voir et l'on se tient loin d'elles ;

n les regarde avec des yeux restés fidèles ;

sclave d'une seule, à toute autre on est fier.

assez votre chemin : nos âmes sont fermées.

fallait nous séduire et nous charmer hier,

vous qu'on n'aime pas, — ô vous qu'on eût aimées !

On n'a cure d'où vint le feu
Tant que flambe encor l'incendie ;
Il faut la cendre refroidie
Pour qu'on y réfléchisse un peu.

Et, tant que l'amour est vivace,
On n'interroge pas son cœur
Pour connaître, déjà vainqueur,
Le premier frisson efficace.

Tout l'amour est dans un regard,
Tout le feu dans une étincelle ;
Mais c'est quand l'effet la décèle
Qu'on saisit la cause — trop tard !

A CHÉRUBIN

Tu naquis au printemps, je pense,
Un matin, par un gai soleil.
L'aurore se mit en dépense
Pour te faire ce teint vermeil.

Oh! tu fus un poupon étrange,
Mais si joli, mais si mignon
Que ta mère dit : « C'est un ange ! »
— L'ange était un petit démon.

Car les jouets ne duraient guère
Sous tes doigts agiles et longs.
Jamais leur fin n'était vulgaire :
Tes arlequins et tes ballons,

Tes chevaux, tes polichinelles,
Tous finissaient dans les tourments
De morts savamment criminelles
Comme on en voit dans les romans.

Oh! le petit homme intraitable
Que rien ne dompte et n'assouplit,
Qui ne se tient pas bien à table
Et se découvre dans son lit!

Va! va! Sois enfant, sois espiègle,
Emporté, vif... et cætera;
Ris des pensums et de la règle...
— Je sais bien qui te domptera.

Adieu le rire et le tapage,
Les jeux et les plaisirs bruyants !
Seize ans ? — Vraiment oui, mon beau page,
Vraiment oui, vous avez seize ans.

C'est qu'elle est belle, la Comtesse !
Et Suzanne ! et Fanchette aussi !
Trois auberges, — la même hôtesse :
C'est la beauté qui loge ici.

Tu ne sais pas ce qui t'attire ;
Tu trembles sans savoir pourquoi.
Mais tu sens que ton cœur soupire
Et que c'est un bien doux émoi.

Ce n'est que l'instinct qui t'entraîne.
Mais de l'aube naîtra le jour,
Du bouton clos la fleur prochaine,
Et du désir naîtra l'amour.

Car l'abeille, ignorante encore,

Quand le printemps rit dans le ciel,

Vole à la fleur qui vient d'éclore

Avant d'avoir cueilli du miel.

———————

ROMANCE

Petite fleur, par hasard retrouvée
Entre les plis du livre où tu dormais,
L'autre printemps je t'avais conservée
En souvenir de Celle que j'aimais.
Mais aujourd'hui ta corolle est fanée
Et notre amour de même s'est lassé...
C'était la fleur, la fleur de l'autre année;
C'était l'amour, l'amour de l'an passé.

Amour et fleur, même métamorphose :

Tout est flétri, fané, brisé, défunt;

Mais un lien va de l'âme à la chose :

J'ai respiré l'amour dans le parfum.

Ton parfum triste, ô pauvre fleur fanée,

C'est ton regret, ô pauvre cœur lassé...

C'était la fleur, la fleur de l'autre année ;

C'était l'amour, l'amour de l'an passé.

C'est une grande fille. Elle a seize ans. Seize ans!

L'âge des songes bleus et des rêves naissants!

Hier fillette encore, aujourd'hui jeune fille!

Et si légère! et si mignonne! et si gentille!...

Elle vient de se mettre au piano. Quel air

Jouera-t-elle ce soir, mélancolique et cher?

Elle prend son cahier de musique choisie,

Et puis l'ouvre au hasard. C'est une *Fantaisie*

Sur Faust que le hasard amène sous ses doigts.

L'air, elle l'a joué déjà plus d'une fois.

Mais elle ne sait pas la légende mystique

Où Gœthe a raconté son rêve poétique.

N'a-t-elle pas le sien à chanter dans son cœur,

Le beau rêve d'amour, souriant et vainqueur,

Dont elle est la tremblante et chaste Marguerite?

C'est son poème et sa légende favorite.

Elle n'en sait point d'autre, et n'en désire pas :

Rien ne vaut la chanson qu'elle écoute tout bas.

Plus tard, lorsque de Faust elle saura l'histoire,

— La vraie, — elle voudra douter et n'y pas croire

Et dira : « Ce poème est grandiose et doux ;

Le mien était plus beau. Pourquoi me l'ôtez-vous?

FIERTÉ

Qu'un nouvel objet règne en ton âme, étouffant
Jusqu'au cher souvenir des récentes tendresses,
Soit! Mais n'immole pas, sur l'autel que tu dresses,
Tes amours d'autrefois à l'amour triomphant.

Prends garde de railler, — l'honneur te le défend, —
Pour plaire à Celle-ci, tes premières maîtresses.
Elle a tout le présent et toutes les ivresses :
Réserve le secret de tes rêves d'enfant.

Qu'elles aient ton silence au moins, les Oubliées !

Et puisque, à tout ton être intimement liées,

Tu ne peux renier leur puissance d'alors,

Cache, pour l'y trouver aux heures plus amères,

Dans le coin de ton cœur où dorment les dieux mo

L'asile inviolé des anciennes chimères.

III

CONTE D'HIVER

CONTE D'HIVER

A J. Perrigot.

Il fait bien froid dehors. Pourtant la chambre close
A des chaleurs d'été dans un parfum de rose.
Tout auprès de l'alcôve au grand rideau rampant,
Un berceau, — comme un nid à l'arbre se suspend.
Dans le nid est l'oiseau. Sur lui sa mère veille ;
Elle frissonne, pâle, écoute et tend l'oreille,
Puis regarde l'enfant qui dort les yeux fermés.
Depuis trois jours déjà, les sens inanimés,
Il dort ainsi, plus blanc que les dentelles blanches
De son berceau, cachant ses yeux bleus, — deux pervenche
Sous le voile alourdi de ses paupières d'or.
Et, toujours immobile et blême, il dort encor :
Ses membres épuisés s'énervent sous les langes ;
Rien n'a pu le tirer de ses rêves étranges,
Et c'est si près du ciel le sommeil des enfants !

Il pourrait donc mourir!... Des sanglots étouffants,

O mère, font bondir ta poitrine oppressée;

Un trouble douloureux agite ta pensée.

Quoi! mourir! Ton enfant, mourir! Mourir, ton fils!...

Ils ne savent donc pas, c'est un petit marquis!...

Mais le docteur a dit que tout était à craindre;

Qu'il était maintenant inutile de feindre;

Que le lait de la mère était mauvais; enfin

Que l'enfant, venu fort d'ailleurs, mourait de faim;

Qu'il ne voyait, — la mère écoutait, au supplice, —

Qu'un remède : changer aussitôt de nourrice.

Hélas! où la trouver en ce pressant besoin?

L'enfant est si malade et la ville est si loin!

Et puis la neige encore a nivelé les routes!

« Laissez-moi seule; allez, dit la mère, allez toutes!

Cherchez une nourrice, et dites qu'elle aura

De l'or; que c'est mon fils; qu'elle le sauvera,

Et qu'il faut qu'elle vienne ou qu'il faut que je meure! »

La mère reste seule à garder la demeure,

Seule à garder son fils, blême et pâle, et qui dort,

Si blanc qu'on ne sait plus s'il vit ou s'il est mort.

Elle pleure et gémit, s'accuse et se désole.

Car c'est sa faute aussi! N'était-elle pas folle

Quand elle a dit, avec un orgueil triomphant,

Qu'elle entendait nourrir de son lait son enfant,

Rêvant un avenir plein de douceurs exquises?

Est-ce que ça nourrit ses petits, les marquises!...

Oh! s'il allait mourir, comme elle se tuerait!

Car, sans lui, pourquoi vivre, et qui la pleurerait?

C'est qu'elle a, la marquise, une bien triste histoire,

—Oh! si triste!—une histoire en deuil et toute noire!...

Orpheline, bien jeune encore, à dix-huit ans,

Sans un rayon doré qui rie à son printemps,

Riche et jolie, un jour on l'avait mariée.

Le marquis, son mari, nature avariée,

Viveur de grande race et libertin goutteux,

Un jour s'était senti las des amours douteux

Et l'avait prise ainsi qu'on prend une maîtresse,

Comme on vide un flacon pour en avoir l'ivresse.

Sitôt que le flacon fut vide, il le brisa,

Reparut aux boudoirs quittés, et courtisa

Une gueuse en renom, décadence plâtrée,

Affreuse, vieille, laide, atroce, — mais titrée.

Au marquis cet amour fut fatal et cruel :

Un jour on l'emporta tué dans un duel.

Certe il n'y comptait pas en échangeant sa carte ;

Mais, devant parer tierce, il avait paré quarte :

Il en mourut. Le monde eut pour lui peu de pleurs

Et sa femme, âme ouverte à toutes les douleurs,

Fut la seule à prier, dans sa foi généreuse,

Pour celui qui l'avait faite si malheureuse.

C'est que, malgré l'injure, elle n'oubliait pas

Que cet homme flétri, vil et tombé si bas,

Était père, après tout, de l'être, vague encore,

Que dans ses flancs féconds elle écoutait éclore.

Et l'enfant criait grâce et demandait pardon

Pour cet indigne outrage et ce lâche abandon.

Oh ! sentir son enfant vivre en elle ! être mère !

Avoir ce doux espoir, et, dans sa vie amère,

Attendre ce rayon comme on attend le jour !

A l'amour maternel ajouter tout l'amour

Qu'eût pu donner l'épouse et que voulait la femme !

O mystère éternel ! deux âmes dans une âme !

Sainte communion de la terre et du ciel

Où Dieu se fait le prêtre, où la femme est l'autel !

Quoi ! contenir l'enfant, miraculeuse hostie,

Où le souffle divin passe en donnant la vie !

Être mère !... La femme, ivre de sa grandeur,

Eut l'éblouissement de sa propre splendeur.

Et quand elle comprit que l'enfant allait naître,

Pieuse et recueillie, elle eût voulu connaître

Quelque endroit retiré d'un paisible hameau,

Secret comme une tombe et doux comme un berceau,

Avoir le tiède abri des oiseaux dans les branches,

Un nid chaud et moussu, tout plein de laines blanches,

Un asile choisi, tendre et mystérieux,

Que la terre ignorât et qui fût près des cieux...

Pour mieux cacher l'enfant qui demain naîtra d'elle,

Elle a voulu venir au vieux manoir fidèle,

Le manoir des aïeux qui garde les secrets.

Elle est venue, avec deux femmes, sans apprêts ;

Et puis l'enfant est né. Son fils ! comme elle l'aime !...

Lui, si rose en naissant, et maintenant si blême !

Ah ! s'il mourait pourtant !... Hélas ! on ne vient pas !

N'aurait-on point trouvé de nourrice là-bas ?

C'est qu'il est si petit, si malade et si grêle !

Et les petits marquis, voyez-vous, c'est si frêle !

On vient. S'il vit encor, l'enfant sera sauvé.

Après de longs efforts, les femmes ont trouvé

La nourrice, une mère encor jeune et jolie,

Mais triste, l'air rêveur, la figure pâlie.

Elle ne voulait pas d'abord et refusait

Toute offre, puis, restant pensive, se taisait.

— Pourtant la mère attend là-bas, et l'heure presse. —

Enfin elle a cédé, mais sous réserve expresse

Que son enfant viendrait avec elle au château.

Alors on a couvert l'enfant d'un grand manteau,

Et, pour venir, on a pataugé dans la neige,

En marchant toutes trois à la file, en cortège.

On ne s'amusait pas à chercher les chemins.

C'était dur : on glissait, le froid prenait aux mains...

Enfin on arrivait. — « Vite, l'enfant, nourrice ! »

Et le petit marquis aspire avec délice

Ce lait qui le fait vivre et qui le rendra fort.

Tiens ! le bébé, qui donc disait qu'il était mort?

Il ouvre lentement ses grands yeux qui s'étonnent :

C'est si doux, ce bon lait que ses lèvres entonnent!

« Oh! comme il boit, bébé! Bébé sera gourmand! »

Dit sa mère qui pleure et qui rit follement

A la fois, et qui voit, éperdue et ravie,

Le cher petit mourant revenir à la vie.

Dans son transport, elle a tout de suite embrassé

La nourrice confuse, au geste embarrassé.

Puis tendre, avec sa voix d'une douceur exquise,

Elle, la grande dame à blason, la Marquise,

Dont le beau nom résonne à l'égal des plus beaux,

Se fait petite avec cette femme en sabots,

L'interroge à mi-voix, — le ton des confidences :

Ce qui la fait si triste ? Une mort ? Des absences ?

Peut-être son mari ?... Mort sans doute ?... Pardon !.

La nourrice, hochant la tête, répond : « Non !

Mon histoire, Madame, est une triste histoire,

De celles qu'on entend tous les jours sans y croire

Et c'est bien vrai pourtant ce que je vous dis là.

Écoutez. »

      La nourrice avec effort parla

D'une voix basse, brève, éteinte et saccadée,

Son œil fixe suivant une lointaine idée.

Jeune et jolie, un jour elle avait fui là-bas

Vers Paris, un endroit d'où l'on ne revient pas

Si pure qu'au départ, quand on est jeune et belle.

C'est qu'à la pauvreté son âme était rebelle ;

La maison était triste et le père était vieux.

Paris, c'est l'idéal où l'on est toujours mieux,

L'eldorado menteur qui passe dans les rêves,

Où l'on cueille de l'or comme du sable aux grèves.

De loin, c'était cela. Mais de près, quel égout!

Et comme après l'ivresse on avait le dégoût!

Le travail incertain, la santé disparue,

Et la tentation atroce de la rue!...

Elle n'avait jamais tombé si bas, jamais!

Non! même dans les jours plus noirs et plus mauvais

Où l'on sent dans son cœur l'honnêteté qui croule

A l'appel enivrant et lâche de la foule!

Mais cependant un jour, un beau jour de printemps...

Hélas! c'est qu'elle était bien jeune : dix-huit ans!

Et seule! Et puis l'amour a de si doux mensonges

Quand il passe en chantant dans l'essaim blanc des songes!

Seule, la pauvreté, la faim, c'était hideux.

Mais cela partagé, mais la misère à deux!

Et puis il lui disait si gentiment : « Je t'aime! »

Il paraissait si bon, si doux, si tendre! Et même

Il avait bien promis de l'épouser un jour...

Comme ils font tous!... C'est beau, la veille de l'amour!

Bref elle avait été près d'un an sa maîtresse.

Pauvre fille! Le jour qu'il apprit sa grossesse,

Il lui fit une scène affreuse et s'en'alla

Pour ne plus revenir. Elle se désola

Et, sous le coup profond de la trahison lâche,

Elle sentit sa force inégale à la tâche

Et voulut se tuer. Son enfant la retint;

Et comme une étincelle en un brasier éteint

Peut ranimer encore et raviver la flamme,

Elle mit tout l'espoir de son âme en cette âme,

Comme un tronc desséché qui porterait un nid.

Elle avait aussitôt fui ce Paris maudit.

Son père était mourant, et sa mère était morte.

Le père moribond avait rouvert sa porte;

A sa fille en pleurant il avait pardonné.

Depuis il était mort. Mais le fils était né.

La route à parcourir était moins douloureuse

Maintenant: elle avait son enfant,—presque heureu*

Pendant qu'elle parlait, la marquise avait pris

Le marmot grelottant malgré ses langes gris,

Près du petit marquis l'avait mis côte à côte.

Le marmot maintenant dormait près de son hôte.

Et comme ils mêlaient là leurs haleines tous deux,

Le petit plébéien né d'amours hasardeux

Et le petit marquis au grand nom héraldique,

Leurs mères revivaient le passé fatidique,

Un passé bien amer, un passé de douleurs

Et de nuits d'insomnie affreuse dans les pleurs.

Dans la mansarde et dans l'hôtel, la même histoire :

La misère dorée ou la misère noire ;

Deux abîmes affreux d'où le ciel avait fui

Et sur lesquels jamais le soleil n'avait lui...

Mais vienne un doux berceau sur qui le front s'incline,

Et le noir horizon s'éclaire et s'illumine.

Le mal et la douleur, tout en est oublié.

L'enfant! c'est le présent à l'avenir lié!

C'est l'azur du ciel bleu qui paraît! C'est l'aurore

Des lendemains bénis qui ne sont pas encore!

C'est l'arbre toujours vert qui croît sur les tombeaux!

C'est la postérité qui rit dans les berceaux!

O prodige étonnant! Force rare et féconde !

Mystérieux pouvoir.de cette tête blonde !

Ces deux femmes, voyez, la fortune les met

L'une, tout humble, en bas ; l'autre, noble, au sommet

L'une est une marquise, et l'autre est une fille ;

De celle-ci qui rampe à celle-là qui brille

L'espace est insondable et jamais aplani,

Et le ver voit toujours l'étoile à l'infini.

Mais qu'un jour deux enfants naissent à ces deux femm

Et l'amour maternel a rapproché leurs âmes.

Tout le reste s'y perd, bassesse ou vanité ;

Tout s'efface devant ceci : Maternité.

Fortune, rang, noblesse, honneur et nom : chimères

— Et, quand j'ai regardé, je n'ai vu que deux mères.

TABLE DES MATIÈRES

TABLE DES MATIÈRES

RIMES ÉPARSES

II

VARIANTES AMOUREUSES

III

CONTE D'HIVER

A PARIS

DES PRESSES DE JOUAUST ET SIGAUX

Rue Saint-Honoré, 338

VERS

Anthologie de quatrains anciens et modernes 3 50
Poésies de Gustave Vinot : . . . 3 fr.
  Doña Juana, poème dram. . . 2 fr.
  Les Neveux du Pape 3 50
Poésies d'Élie Cabrol : La Première Absence, 12 eaux-fortes . . . 12 fr.
  Comédies, 3 eaux-fortes . 6 fr.
  Étienne Marcel, drame. . . 3 50
Épaves de jeunesse, par C. Ducroq. 2 fr.
Premières Poésies, par P. Milliet. 3 50
Les Petits Ours, par E. Rochard. 3 50
Légendes bouddhiques. par E. Thiaudière. . . . . 1 fr.
Rayons jaunes, par O'Saül . . . 2 50
Feuilles du cœur, par Della Rocca. 3 50
Lacrymæ rerum, par L. Paté . . 2 fr.
Myrtes et Cyprès, par G. Eekhoud 3 50
Zigzags poétiques, par G. Eekhoud 3 fr.
Les Pittoresques , par G. Eekhoud. Pap. vergé, 5 eaux fortes . . 5 fr.
Marcelle , par M. Duseig. 4 eaux-fortes 3 50
Nouvelles Géorgiques, par J. Durandeau 3 50
Péchés de jeunesse, par E. Hubert. 2 50

Les Chants du réveil, par Pierre Miensset. 2 50
Brahma , poème 2 50
Au Foyer, par G. La Batie . . 3 fr.
Les Cadettes, par Em. Chatellier. 2 50
Renée d'Amboise, par Ed. Dupontsevrez 2 50
Dans l'exil, par E Joël. . . . 3 fr.
Mosaïques, par J. Magnard. . . 3 fr.
La Vie mauvaise, par Pontseviez. 3 50
A travers la vie. par Flamen . . 3 fr.
Au petit bonheur, par le comte de Flavigny 3 50
Aubes d'amour, par P. Jaubert. 2 fr.
Sur tous les tons, par Germain Lacour 2 50
Les Tablettes, par Lecomte . . 1 50
Contes d'aujourd'hui, p. Mardoche. 3 fr.
Mes Accès, par J. Rousseau . . 2 50
Les Rats et les Grenouilles, par L. Berthereau. . . . . 3 fr.
Les Saisons, par V. Patard. . . 3 fr.
Habillez-vous, Mesdames, par J. Rousseau 1 50
En guitarisant, p. G. Alleweireldt 2 50
Au Pays des Rêves, par A. Varet 3 50
Les Encensoirs, par A. St Paul. 2 50

PROSE

Drames et Romans de la vie littéraire, par Saint-René Taillandier 3 fr.
La Muette, le Château et ses désastres, par Jules Janin . . . . . . 1 fr.
De l'autorité de Rabelais dans la Révolution. par Ginguené, préface par Henri Martin. . . . . . . 3 fr.
La Lorgnette philosophique, par N. Quépat. Pap. vergé . . . . . 4 fr.

La Mettrie, sa vie et ses œuvres, par N. Quépat. 3 50
Nos Maîtresses, par Adhémar . 3 fr.
Souvenirs d'Orient, par J. Sigaux 2 fr.
Le Vœu de Vivien, par F. Brun. 2 50
Un Manifeste de Gracchus Babeuf, par G. Lecocq 2 50

THÉATRE

Le Péché véniel, 1 acte en vers, par Alb. Millaud. 1 50
Le Glaive runique, drame lyrique, par Léouzon Le Duc. . . . 5 fr.
Le Noyau, monologue en vers, par Redelsperger. 1 50

La Critique de *la Visite de noces,* par H. de Lapommeraye, 1 acte en prose . . . . 1 fr.
Le Mariage d'Alceste, 1 acte en vers, par Ch. Joliet. . . . . 1 fr.

DEUXIÈME CENTENAIRE de la COMÉDIE-FRANÇAISE, contenant, avec *l'Impromptu de Versailles* et le *Bourgeois gentilhomme,* une *Notice* de P. Regnier, et la *Maison de Molière,* à-propos en vers de Coppée. In-16 à petit nombre sur pap. de Hollande, avec *deux portraits* de Molière, gr. par Damman. 10fr.

1343 — Imprimerie Jouaust et Sigaux, rue Saint-Honoré, 338.

www.ingramcontent.com/pod-product-compliance
Lightning Source LLC
Chambersburg PA
CBHW052126090426
42741CB00009B/1975